MÉMOIRE

SUR

L'ALGÉRIE

PAR

Le Colonel comte de MEFFRAY

Auteur de l'ouvrage : *les Fautes de la Défense de Paris*

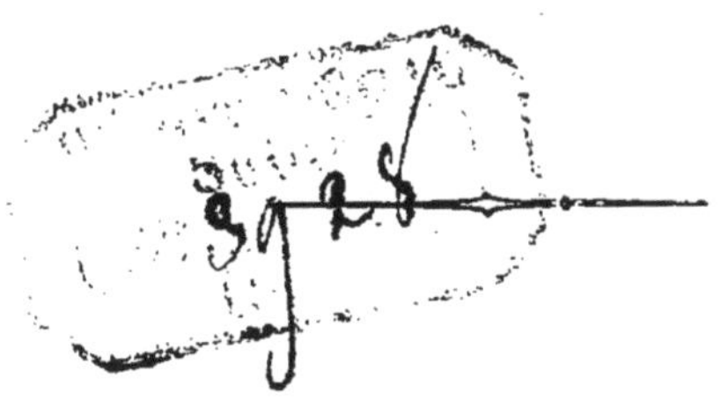

PARIS

LIBRAIRIE INTERNATIONALE

A. LACROIX, VERBOECKHOVEN ET Cᵉ, ÉDITEURS

15, boulevart Montmartre et faubourg Montmartre, 13

MÊME MAISON A BRUXELLES, A LEIPZIG ET A LIVOURNE

—

· 1871

Tous droits de traduction et de reproduction réservés

Paris. — Jmp. Émile Voitelain et Cᵉ, rue J.-J.-Rousseau, 61

MÉMOIRE

SUR

L'ALGÉRIE

I

La politicomanie, cette maladie contagieuse et mortelle qui s'est abattue sur la France, cette cause dominante et primordiale de nos récents désastres, a fait sentir sa fatale influence jusque dans nos possessions algériennes, et là bas le mal date de loin. Il faut y porter un remède prompt et énergique.

L'Algérie doit cesser d'être une succursale des clubs de Belleville et du Vaux-Hall, et redevenir ce qu'elle était du temps des Romains, le grenier d'abondance de l'Europe. Mais pour cela il faut que, laissant de côté la politique, elle s'occupe de mesures industrielles, agricoles et commerciales. Il faut qu'elle imite les colonies anglaises, les Indes, l'Australie, qui prospèrent et enrichissent la mère-patrie.

Il faut vouloir voir vrai et comprendre que l'intérêt des Arabes et celui des colons, loin d'être antipathique l'un à l'autre, peut et doit, au contraire, parfaitement coexister à côté l'un de l'autre. L'un fournissant à la prospérité générale du pays ce que l'autre ne saurait lui donner.

Aux 225,000 Européens établis en Afrique, abandonnez les 4,000,000 d'hectares qui contiennent les cours d'eau, les mines, les grandes forêts, le littoral, les terrains arrosables, propres, par conséquent, aux cultures les plus lucratives ; voilà faite et largement la part de la colonisation.

Mais laissez aux 3,000,000 d'Arabes, à ces antiques et légitimes possesseurs de tout le sol, à ce peuple que l'*armée* a vaincu, il est vrai, mais qui s'est soumis et auquel la France a promis, ne l'oublions pas, le respect de ses biens, de ses lois, de sa religion.

Laissons-lui les 8,000,000 d'hectares qui nous relient au désert, vastes espaces où l'Européen, lorsqu'il tente de s'y établir, ne trouve que la ruine, la maladie et souvent la mort, où, sans rien produire à la place, il tarit la source des richesses que savait en tirer l'indigène avant qu'il ne l'en eût expulsé (1).

Scindez l'Algérie en deux territoires bien distincts, tel ou à peu près que les a délimités le décret de 1865-66.

---

(1) Les bons esprits ont toujours reconnu la nécessité de scinder l'Algérie en deux territoires soumis à des modes d'administration différents, suivant que la population dominante (par les intérêts ou

Assimilez en tous points à la France le territoire civil, donnez-y à tous les habitants tous les droits, mais aussi tous les devoirs et toutes les charges des Français en France ; laissez-leur élire leurs conseils généraux et municipaux, leurs maires ; accordez-leur, par départements, un siége à l'Assemblée nationale ; accordez aux indigènes du territoire civil toute liberté d'en sortir et d'aller s'établir en territoire militaire dès qu'ils le voudront. Prenez, vis-à-vis des étrangers, les mesures les plus généreuses et les plus libérales, mais faites-le avec justice et discernement.

Le Gouverneur général de l'Algérie continuera à être un militaire.

Son pouvoir administratif ne s'exercera toutefois qu'en territoire arabe.

Pour le territoire civil, il ne sera que comme l'était l'un des grands commandements militaires de France.

Il survit à ceux-ci, parce que l'Algérie doit, à cause de son importance, rester à l'abri de toute tentative de révolte et des éventualités de la guerre.

Nul Européen ne pourra acquérir des terres ni s'établir en territoire militaire et arabe sans l'agrément préalable du Gouverneur général.

---

par le nombre) est européenne ou indigène. Il a fallu le triomphe des utopies qui ont dicté une partie des actes de la délégation de Bordeaux pour effacer une distinction née de la force des choses et que la force des choses maintiendra, en dépit des théories émises.

Tout Européen établi en territoire arabe relèvera, lui et ses biens, exclusivement de l'autorité militaire.

Tout crime ou délit est justiciable de l'autorité sur le territoire de laquelle le crime ou le délit a été commis.

L'extradition des malfaiteurs ou des contumaces d'un territoire à l'autre est reconnue d'une manière absolue.

En agissant ainsi, nous ne froissons pas trop injustement les Arabes ; nous leur tenons presque parole et nous donnons entière satisfaction aux aspirations même exagérées des colons.

Ce sont plusieurs des plus belles années de ma vie que j'ai passées en Afrique, voyant naturellement beaucoup les colons, mais vivant aussi beaucoup avec les Arabes ; je crois donc connaître les besoins et les aspirations des uns et des autres.

Les 225,000 Européens qui se trouvent en Algérie ont à leurs dispositions 800,000 hectares de ce beau et si fertile pays ; ils se plaignent de ne pas avoir assez de bras pour les cultiver, et ils demandent qu'on mette encore à leur disposition les 8 ou 900,000 hectares de terres labourables qui doivent faire vivre les 3,000,000 d'indigènes.

Est-ce logique ?

Mettez plus de terres à la disposition des colons, les défrichements, les cultures diminueront ; toute l'énergie de la colonie se portera sur la spéculation de la vente et de l'achat des terrains ; spéculation, du reste, à laquelle ne sont déjà que trop portés les Européens et les juifs de la colonie. Les petites propriétés, en effet, changent de main à chaque instant.

Il y a longtemps déjà, les colons (1) ont chaleureusement demandé le *refoulement* des Arabes dans le *Sahara ;* ils ont pensé que la brutale clarté du mot dont ils se servaient pour exprimer leurs vœux nuisait à sa réalisation ; ils ont alors demandé le cantonnement des Arabes. Le mot était plus doux, l'idée était toujours la même. Aujourd'hui ils demandent l'assimilation, la suppression du territoire indigène ; la forme est encore adoucie, mais l'idée subsiste, le but est le même et ce dernier moyen serait le plus prompt et le plus sûr pour l'atteindre.

D'une part, les Arabes sont un peuple d'enfants, comme eux sujets à des caprices auxquels ils ne savent pas résister ; ils ont besoin d'être guidés, protégés contre eux-mêmes ; c'est pourquoi la propriété collec-

---

(1) Ce ne sont pas les colons qui demandent ces choses-là, mais des écrivains qui ne sortent pas des villes et qui y vivent de théories. Les colons savent que la main-d'œuvre et les produits des indigènes leur sont indispensables ; qu'ils périraient même de misère s'ils ne les avaient pas à leur portée. Les colons travaillent. En moins de trente ans, leurs efforts ont transformé en villages magnifiques des marais infects ou des makis impénétrables. Témoins Boufarik, Robertoiles, Relizan, pour ne citer que quelques exemples.

tive leur est presque indispensable, malgré tous les in-
convénients qu'elle présente, et c'est pour cela aussi
qu'il faut qu'il y ait une partie du territoire où il soit
impossible aux colons ou aux juifs d'acheter à un Arabe
sa propriété (1).

D'autre part, jamais l'Arabe ne s'habituera aux len-
teurs, aux formalités, aux délais des administrations et
tribunaux civils. Que ceux qui voudront le faire restent
en territoire civil, c'est leur affaire, mais laissez aux
autres après qu'ils auront vendu tout ce qu'ils pos-
sèdent en territoire civil, laissez-leur un coin de leur
patrie où ils puissent se réfugier à l'abri du juge de
paix, des visites domiciliaires, des huissiers, des remises
à huitaine ou à quinzaine, des prescriptions, en un
mot de toutes ces formalités méticuleuses qui, fort en-
nuyeuses et lourdes à supporter pour tout le monde,
semblent à l'Arabe aussi ridicules qu'injustes. En 1864,
il y avait non loin de Blidah, un Arabe riche qui habi-
tait avec sa famille sur le versant d'une petite colline au
bord d'un charmant ruisseau, un gourbi entouré de
quelques tentes. Un jour il plut à des colons de venir
bâtir une maison de l'autre côté du ruisseau; cris et

---

(1) La communauté de la propriété du sol est souvent commandée
par la nature et les aptitudes de ce sol. Comment établir la propriété individuelle dans des espaces où il n'y a pas d'eau, où sur
cinq années il y a quatre années de sécheresse, et où les populations,
clair-semées, vivent des productions spontanées de la terre.

protestations de l'Arabe, le terrain lui appartenait. Ses titres par hasard étaient parfaitement réguliers. Procès devant le juge de paix qui reconnaît les droits de l'Arabe; les colons ne tiennent aucun compte du jugement; ils continuent à bâtir. Nouveau procès, incompétence du juge de paix, le tribunal est saisi, il est bien forcé de donner gain de cause à l'Arabe; appel, le jugement est confirmé. A quelques jours de là, je rencontre l'Arabe sur la place du Gouvernement, à Alger, sordidement vêtu, appuyé sur un long bâton et suivi de son beau sloughi qu'il n'amenait jamais à Alger. Je lui fis compliment sur le gain définitif de son procès et m'étonnai de sa mine triste. Il m'indiqua sur le quai un groupe d'hommes et de femmes, un amas de paquets, de coffres et de tapis, c'était sa famille et ses serviteurs; il avait vendu tout ce qu'il possédait et s'embarquait le soir sur le bateau d'Oran pour aller se fixer au Maroc, ne pouvant plus vivre, disait-il, dans un pays *où la justice n'existait pas. Il ne savait pas combien de fois il lui faudrait encore gagner son procès pour être tranquille. Que même en les gagnant les procès coûtaient trop cher.* Voilà, fort atténué dans cet exemple, l'impression que produit notre justice sur les Arabes.

En résumé, il me semble donc nécessaire de maintenir bien distincts la division des deux territoires telle ou à peu près qu'elle existe aujourd'hui. On pourra agrandir le territoire civil lorsque la population européenne y sera devenue assez dense pour ne plus trouver à y employer tous les bras dont elle disposera. *Je ne pense pas que ce soit précisément le cas dans ce moment.*

Assimilez entièrement à la France le territoire civil, affranchissez-le de ce *terrible régime du sabre* auquel seul les colons doivent leur existence et leur sécurité, accordez-lui trois députés au Corps législatif, mais à la condition que les indigènes du territoire civil concourrent au vote et à l'élection, ce serait un peu bien abusif qu'un groupe de 25 ou 28,000 électeurs nommât trois députés en Algérie alors qu'en France 35,000 électeurs n'en nomment qu'un seul.

II

DE L'ARMÉE D'AFRIQUE

L'armée permanente d'Afrique devrait être ainsi composée :

Infanterie

ALGER	ORAN	CONSTANTINE
1er zouaves.	2e zouaves.	3e zouaves.
1er tiraill. (turcos).	2e tirailleurs.	3e tirailleurs.
1er étranger.	2e étranger.	3e étranger.
1er bataill. d'Afrique.	2e bataill. d'Afrique.	3e bataillon d'Afrique.

Cavalerie

1er chass. d'Afrique.	2e chass. d'Afrique.	3e chasseurs d'Afrique.
1er spahis.	2e spahis.	3e spahis.

Les régiments de zouaves, et si faire se peut les tirailleurs seront à 3 bataillons, chaque bataillon de 8 compagnies, les compagnies à 250 hommes, cadres compris, elles seront commandées par un capitaine en premier, par un capitaine en second, un lieutenant et un sous-lieutenant. Le capitaine en premier sera monté.

Je voudrais que chaque compagnie reçût deux mitrailleuses, et de même qu'autrefois dans chaque compagnie de l'armée allemande il y avait quelques hommes choisis armés de carabines à balles forcées au maillet, il y aurait quelques hommes choisis aussi et spécialement affectés au service des mitrailleuses, service auquel néanmoins serait exercé sommairement tous les hommes.

Pas de musique dans les régiments, seulement les fanfares réglementaires par bataillon.

Ceci porterait donc normalement les divisions de chacune des trois provinces au chiffre nécessaire pour maintenir la tranquillité d'une manière absolue et achever de faire perdre aux Arabes cette habitude qui leur est si chère, qu'ils pratiquent depuis tant de siècles, de saisir chaque prétexte qui se présente pour faire, suivant leur expression, parler la poudre un peu ou beaucoup.

A ceux qui trouveraient cet effectif permanent trop considérable, je ferai observer que l'entretien des troupes ne coûte pas plus cher en Algérie qu'en France, que les hommes s'y forment mieux et plus vite, que la beauté du climat permet de les tenir campés presque toute l'année, par conséquent de les habituer et les exercer aux manœuvres de guerre et aux marches, qu'on pourrait et devrait souvent les employer à des travaux d'utilité publique, telles que création de routes, forages de puits artésiens, etc., en ayant soin toutefois de ne jamais laisser les mêmes hommes trop longtemps de suite occupé à ces travaux, car là forcément la discipline se relâche, et ce dont l'armée a le plus besoin aujourd'hui, c'est du rétablissement de la discipline; mieux vaut ne pas avoir d'armée qu'une armée mal disciplinée.

Quant à la cavalerie, il faut la maintenir à six escadrons par régiment; il y aurait tout une étude à faire sur les modifications à apporter à l'organisation des spahis, à la direction et à l'administration de leur Smalah, mais ceci ne rentre pas dans le cadre si restreint de ce petit travail. Je veux seulement faire observer qu'il serait très-facile d'encourager dans leur Smalah l'élevage des poulains, ce qui rentre complétement dans le goût des Arabes et favoriserait utilement nos remontes; car, ne l'oublions pas, le vrai, le seul cheval de guerre est le cheval (je n'ose pas dire arabe, celui-là est trop rare), mais le cheval barbe, le cheval d'Afrique si sobre, si intelligent, si adroit et si courageux et avec cela dur et infatigable, pourvu qu'il ne soit pas brutalisé.

On s'apercevra mieux de ses si remarquables quali-
tés quand on en sera arrivé à comprendre que le recru-
tement des hommes pour la cavalerie est fait entièrement à contre-sens de ce qu'il devrait être, quand on
comprendra que les hommes les plus petits, les plus
légers par conséquent, et qui souvent sont trop faibles
pour porter l'équipement et les armes du fantassin
feraient précisément les meilleurs cavaliers; mais
passons.

Je voudrais que l'on **CRÉAT** dans chacune des trois
divisions militaires de l'Algérie un peloton de spahis
(guides d'état-major); ce peloton n'aurait qu'un effectif
de 20 à 30 cavaliers, engagés volontaires pour trois ans,
ce serait de préférence des fils de Grandes Tentes.

Ils auraient la solde, le rang et les insignes de ma-
réchal-des-logis, porteraient l'uniforme des spahis en
drap fin et d'un rouge beaucoup plus clair (écarlate, je
crois); ils seraient montés à leur frais et auraient chacun
un serviteur à eux monté de même, ne portant pas
d'uniforme, mais ayant pourtant un signe distinctif
très-apparent (burnous rouge des spahis, par exemple).
Ce serviteur recevrait la solde et la ration d'un cavalier.
Tout cheval mort *au service de l'État* serait payé 1,000
francs. Le nom de *guides* que je donne à ce peloton
indique le service en vue duquel je demande sa création.
Ils seraient sous les ordres directs du général par l'in-
termédiaire de son aide de camp.

Inutile de tenir toute l'année le peloton rassemblé. Un certain nombre d'hommes resteraient à tour de rôle de planton auprès du général, l'accompagneraient dans ses courses et ses expéditions; d'autres seraient détachés auprès des commandants des colonnes expéditionnaires et choisis de manière à pouvoir servir de guides sûrs, d'otages au besoin et d'intermédiaires utiles entre la colonne et les tribus sur le territoire desquelles on opérerait.

L'arme la moins utile aujourd'hui en Afrique, c'est l'artillerie, sauf celle qui est nécessaire pour la garde des côtes et des forts. Quelques obusiers de montagne, quelques pièces très-légères et à longue portée sont tout ce que l'on peut jamais avoir à employer. Aussi je n'en parlerai pas.

Faisons de l'Algérie un grand camp permanent d'instruction *pratique*, dans lequel l'armée d'Afrique, telle que je viens de l'indiquer, servirait de moniteur et d'exemple aux différents régiments de France qui viendraient à tour de rôle y perfectionner, y compléter leur éducation militaire. Si l'on persistait, par esprit de routine, à faire la dépense inutile d'envoyer en Algérie des régiments de France pour y perfectionner leur éducation militaire, ce qu'ils feront tout aussi bien dans des camps établis en France.

D'ailleurs, et l'expérience nous le prouve tous les jours, dès que la France diminue sensiblement l'effectif des troupes en Afrique, l'incendie s'allume, l'insurrection éclate dans l'une des trois provinces, si ce n'est dans toutes, mais ce que l'expérience nous prouve aussi et ce qui n'a pu échapper à l'observation de ceux de nos généraux qui connaissent bien l'Algérie, c'est que jamais insurrection n'a pris naissance dans le Tell, ni même dans la Kabylie. Le Sud est le berceau des insurrections, et c'est la perspective d'y trouver un refuge assuré qui permet aux chérifs de soulever les tribus du Tell.

Ces camps que je propose de former dans les trois provinces, dirigeant leurs colonnes mobiles d'instruction vers les régions du Sud, feraient tout naturellement avorter toute insurrection avant même qu'elle soit organisée.

Les colonnes auraient pour points de ravitaillement et pour bases d'opération :

Dans la province d'Alger :

Boghar, El Agouat, Aïn-Taguin (point très-important, négligé à tort jusqu'ici);

Dans la province d'Oran :

Tiaret, Geryville et Sebdou;

Dans la province de Constantine :

Tebessa, Bathna, Bou-Saada et quelquefois Biscara.

Pour éviter les frais et embarras de transport, je voudrais ces colonnes multiples et peu nombreuses, ne dépassant jamais 8,000 hommes chacune. Avec cet effectif elles sont très-mobiles, bien dans la main du chef qui les commande et suffisamment fortes pour pouvoir faire toujours avantageusement face à toute éventualité.

Le moins de séjour possible en garnison, des camps et des promenades militaires de plusieurs semaines, ce n'est que par là que nous pourrons réorganiser une armée. Il faut que les soldats soient préservés de l'air infect des cantines et des cabarets et que les officiers se déshabituent des cafés et des cercles pour en arriver à s'occuper sérieusement de leur devoir, de leurs hommes et de leur instruction.

Là est le salut, là le chemin qui mène à

LA VENGEANCE !

FIN

www.ingramcontent.com/pod-product-compliance
Ingram Content Group UK Ltd.
Pitfield, Milton Keynes, MK11 3LW, UK
UKHW020127100726
13658UKWH00005B/2410